BRINCONTO

Fê

COLEÇÃO CRIANTIVA

PARA PEQUENINOS

Paulinas

Dados Internacionais de Catalogação na Publicação (CIP)
(Câmara Brasileira do Livro, SP, Brasil)

Fê
Brinconto / texto e ilustrações Fê. – São Paulo : Paulinas, 2013. – (Coleção criantiva)

ISBN 978-85-356-3390-0

1. Literatura infantojuvenil I. Título. II. Série.

12-14747 CDD-028.5

Índices para catálogo sistemático:

1. Literatura infantil 028.5
2. Literatura infantojuvenil 028.5

1ª edição – 2013

Direção-geral
Bernadete Boff

Editora responsável
Maria Alexandre de Oliveira

Assistente de edição
Rosane Aparecida da Silva

Coordenação de revisão
Marina Mendonça

Revisão
Monica Elaine G. S. da Costa
Sandra Sinzato

Assistente de arte
Ana Karina Rodrigues Caetano

Gerente de produção
Felício Calegaro Neto

Produção de arte
Telma Custódio

Paulinas
Rua Dona Inácia Uchoa, 62
04110-020 – São Paulo – SP (Brasil)
Tel.: (11) 2125-3500
http://www.paulinas.org.br – editora@paulinas.com.br
Telemarketing e SAC: 0800-7010081

Ser
criantiva
é contar brincando
um conto...

BICHOS

BiCHOS